Nevermann

Unterwegs mit Jan

Leben mit einem autistischen Bruder

Mit einer Einführung
von Jirina Prekop

Laurie Lears

ILLUSTRATIONEN VON Karen Ritz

kik
VERLAG

Die Deutsche Bibliothek - CIP-Einheitsaufnahme

Unterwegs mit Jan : Leben mit einem autistischen Bruder /
Laurie Lears. Ill.: Karen Ritz. - Berg am Irchel : KiK-Verl., 2000
Einheitssacht.: Ian's walk <dt.> ISBN 3-906581-37-3

Originaltitel: Ian's Walk (ISBN 0-8075-3480-3)
Text copyright © 1998 by Laurie Lears. Illustrations copyright © by Karen Ritz
Erstmals erschienen 1998 bei Albert Whitman & Company, Illinois,
und bei General Publishing, Limited, Toronto.

Deutsche Lizenzausgabe 2000 bei KiK-Verlag, CH-Berg am Irchel
Aus dem Englischen von Yvonne Lüssi
Printed in Italy.

ISBN 3-906581-37-3

Einführung

In verdichteter Form und zugleich erstaunlich umfassend wird in diesem schmalen Bilderbuch das Syndrom des frühkindlichen Autismus und die Lage der Geschwister von autistischen Kindern dargestellt.

Ein eigenartiger Fremdling ist er – dieser kleine Autist! Als käme er von einem anderen Planeten. Die Menschen interessieren ihn nicht. Er verweigert Blickkontakt, wehrt sich gegen zärtliche Berührungen, reagiert nicht auf Ansprache und gibt sich auch keine Mühe, verstanden zu werden. Stattdessen scheint er verliebt zu sein in bestimmte leblose Dinge mit ihren besonderen Merkmalen. Wie fasziniert ist er von einer bestimmten Stelle an der Wand, von baumelnden Ballons, spritzendem Wasser, einer pendelnden Glocke, einem kreisenden Ventilator oder staubigen Backsteinen. Aber nicht kreatives Tun ist damit verbunden, sondern nur stereotypes Bekratzen, Beklopfen, Belauschen, Beschnuppern. Zum Hören, Sehen, Spüren, Riechen und Schmecken holt sich der Knabe ganz andere Reize als Menschen dies normalerweise tun. Was andere Kinder neugierig macht, lässt ihn gleichgültig. Er ahmt nichts nach, spielt nicht mit; sein Verhalten ist völlig unverständlich.

Wie kann sich seine Schwester bloss mit ihm verständigen, wenn er auf Fragen keine Antwort gibt und selber weder fragt noch ausdrückt, was ihm Freude oder Kummer macht? Offensichtlich genügt er sich selbst. „Selbst" heisst auf Griechisch „autos". Wegen seiner sonderbaren Verhaltensweisen und den schwer erklärbaren Stimmungsausbrüchen, die sich bis zum autoaggressiven Selbstschlagen steigern können, fällt der Knabe überall auf. Der erste Eindruck, das hübsche Gesicht und die flotten Bewegungen suggerieren allerdings Normalität und täuschen über die Andersartigkeit hinweg. Gerade deshalb wirkt das ungewöhnliche Verhalten besonders auffällig. Und auch die Geschwister sind erhöhter Aufmerksamkeit ausgesetzt. „Sind sie vielleicht auch so verrückt?", denken möglicherweise manche Leute. Es ist schwierig, den autistischen Bruder auf den Spielplatz mitzunehmen, weil er mit seinem sonderbaren Verhalten das Geschehen dort stört und dauernd beaufsichtigt werden muss. Wer von den Geschwistern will schon so viel Rücksicht nehmen? Und welche Urlaubsorte kommen mit einem solchen Kind in Frage?

Die Geschwister, ja die ganze Familie geraten in eine Isolation. Und das nicht behinderte Kind fühlt sich sogar innerhalb der eigenen Familie oftmals alleine, traut sich nicht, richtig Kind zu sein. Manchmal leidet es unter dem Verdacht, weniger geliebt zu werden, wenn die Mutter sich scheinbar nur um das behinderte Kind sorgt und seinetwegen von Arzt zu Arzt läuft. Selber nicht behindert, fühlt das gesunde Geschwister sich verpflichtet, die Erwartungen der Eltern, die der behinderte Bruder oder die behinderte Schwester nicht umsetzen können, seinerseits zu erfüllen – und überfordert sich damit selber. Die Verzweiflung und die Überlastung der Eltern spürend versucht es, diese zu trösten, zu entlasten und Verantwortung zu übernehmen. Im Blick auf die lebenslange Schutzbedürftigkeit des behinderten Bruders fühlt es sich verpflichtet, lebenslang für ihn zuständig zu sein, und behindert damit die eigene Lebensgestaltung. Und nicht selten geschieht es, von den Eltern unbemerkt, dass letzten Endes das so genannt gesunde Geschwister zum grösseren Sorgenkind wird als das behinderte. Dieses Buch ist darum auch ein Appell an die Eltern, auf das richtige Mass an Belastung für ihre nicht behinderten Kinder zu achten.

Der schwere Schicksalsschlag bringt aber nicht nur Probleme mit sich, sondern birgt auch eine kostbare Chance: die Liebe zum Nächsten trotz all seiner Schwierigkeiten. Erst solche Bedingungslosigkeit als höchster Wert der Liebe stellt eine tragfähige Grundlage für soziale Wahrnehmung und soziales Handeln dar. Im vorliegenden Buch ist es die kleine Julie, die den Schlüssel zur Entstehung solcher Liebe findet: Sie versucht zu hören, was ihr Bruder hört, und anzuschauen, was er anschaut. Sie ahmt ihn nach. Geduldig, lange, bis ihr schwindlig wird. Sie versetzt sich in ihn hinein. Und da fühlt er sich verstanden, schaut sie lächelnd an.

Im Vordringen zum Wesenskern der Liebe sehe ich den tiefsten Sinn dieses Buches. Deshalb halte ich es nicht nur für Kinder geeignet, sondern auch, ja sogar vor allem für Erwachsene. Die Fähigkeit, sich in einen anderen Menschen einzufühlen, geht in unserer technokratischen Gesellschaft rapide verloren. Wer mehr mit dem Internet verkehrt als mit anderen Menschen, häufiger die Maus am Computer streichelt als Frau und Kind und sich Liebe nur auf dem Bildschirm anschaut, hat wenig Gelegenheit, Einfühlung zu üben. Sollte es den Menschen zur Gewohnheit werden, sich mehr auf technische Funktionen zu verlassen als auf zwischenmenschliche Liebe, liefern sie sich dem Egoismus, der Rücksichtslosigkeit und der Vereinsamung aus. Menschlich wird aber der Mensch nur am Menschen, nicht an Computern. Ob das autistische Kind nicht als einsamer Vorbote zu verstehen ist, der uns vor der Masse einer autistischen Gesellschaft und somit vor dem Untergang der Menschlichkeit warnt?

Heute und in nächster Zukunft gibt es auf dieser Erde keine wichtigere Aufgabe als die Erziehung unserer Kinder zur Liebesfähigkeit. Deshalb wünsche ich diesem Buch viele mitfühlende Leserinnen und Leser.

Dr. Jirina Prekop

Heute ist genau der richtige Tag, um mit meiner grossen Schwester Tara in den Park zu gehen und die Enten zu füttern. Nicht aber, wenn mein Bruder auch mitkommen möchte.

„Ach Jan, warum bleibst du nicht einfach hier?", sage ich. Doch Jan gibt mir keine Antwort, denn er leidet an Autismus. Dafür klopft er mit den Fingern heftig an die Glastür und beginnt zu jammern.

„Also gut, Jan", sage ich. „Darf er mitkommen?", frage ich meine Mutter.

„Hmmm …", sagt sie. „Du wirst die ganze Zeit gut auf ihn aufpassen müssen. Bist du sicher, dass du das möchtest?"

„Kein Problem", antworte ich.

Und Tara nickt. „Du hältst ihn ja an der Hand, Julie", sagt sie zu mir.

Jans Gehirn funktioniert nicht wie das anderer Leute. Jan sieht die Dinge anders …

Als wir bei Nans Restaurant vorbeikommen, geht Jan hinein, um zuzuschauen, wie der Ventilator an der Decke sich dreht. Den Kellnerinnen, die mit allerlei Sandwiches und Eiscrème an ihm vorbeieilen, schenkt er keine Beachtung.

„Lass uns etwas trinken!", sage ich. Aber Jans Blick bleibt am Ventilator hängen, bis ich ihn zur Tür hinausziehe.

Jan hört die Dinge anders …

Als ein Feuerwehrauto unter lautem Sirenengeheul vorbeirast, bemerkt Jan das offenbar kaum.

Aber er hält seinen Kopf schief und scheint auf etwas zu horchen, das ich nicht hören kann. „Los komm!", sage ich und ziehe ihn am Arm.

Jan riecht die Dinge anders …

Bei Frau Potters Blumenstand halte ich Jan einen süss duftenden Fliederstrauss hin. Er rümpft bloss die Nase und wendet sich ab.

Als wir aber bei der Post vorbeikommen, hält Jan seine Nase gegen die warmen, staubigen Backsteine und beschnuppert die Wand.

„Hör auf damit!", sage ich. „Du siehst albern aus!" Und ich zerre ihn weg, bevor jemand uns bemerkt.

Jan spürt die Dinge anders …

Am Teich hebe ich eine Feder auf und kitzle Jan damit am Kinn. Kreischend wehrt er sich.

Aber während Tara und ich den Enten Popcorn zuwerfen, legt Jan sich auf den Boden und presst seine Wange gegen die harten Steine.

„Steh auf, Jan", sage ich und nehme ihn bei der Hand. „Sonst wird vielleicht noch jemand auf dich treten!"

Jan schmeckt die Dinge anders …

Als wir bei den Imbissständen vorbeikommen, würdigt Jan die Pizzas, Hot-Dogs und frischen Bretzeln mit keinem Blick.

Stattdessen greift er in meiner Tasche nach der Packung mit dem übrig gebliebenen Popcorn.

„Tara und ich möchten nicht Popcorn zu Mittag essen", erkläre ich ihm. „Komm mit, wir gehen Pizza kaufen."

Aber Jan rührt sich nicht von der Stelle. Er mampft ein Popcorn nach dem andern. Manchmal macht Jan mich wirklich wütend!

„Ich hole die Pizza", schlägt Tara vor. „Und du, Julie, bleibst mit Jan hier."
Ich setze mich zum Warten auf die Bank. „Setz dich zu mir, Jan", sage ich.
Aber Jan verwirft die Hände und beachtet mich gar nicht.

Schliesslich kommt Tara mit zwei Stück pappiger Pizza zurück.

„Wo ist Jan?", fragt sie.

Ich schau auf die Stelle, wo Jan gerade noch gestanden hat … Aber er ist weg! Mir stockt der Atem und für einen Moment bin ich wie erstarrt.

Tara läuft zu einer Dame hin. „Haben Sie einen kleinen Jungen in einem blauen T-Shirt gesehen?", ruft sie.

Die Dame schüttelt den Kopf. „Vielleicht schaut er dem Baseball-Spiel zu am andern Ende des Parks", meint sie.

Aber Jan mag kein Baseball.

Ein Mann kommt vorbei mit einem kleinen Mädchen auf den Schultern. „Haben Sie einen Jungen gesehen, der ganz verloren dreinschaut?", sage ich – und spüre einen Kloss im Hals.

„Nein", sagt der Mann. „Aber wir sind auf dem Weg zum Märchenerzähler. Vielleicht ist er dort und hört sich Märchen an."

Aber Jan mag keine Märchen.

Tara stürmt davon, um Jan zu suchen. Ich kneife die Augen zusammen und versuche, mich in Jan hineinzuversetzen.

Jan mag den Stand, wo Ballone an einer grossen Maschine zischend aufgeblasen werden und dann farbenfroh in der Luft tanzen.

Er mag auch den Springbrunnen, wo er mit seinem Gesicht ganz nahe hingehen kann und den Wasserstrahl vor seinen Augen vorbeispritzen sieht.

Plötzlich beginnt die Glocke in der Mitte des Parks zu tönen. *Dong, dong, dong!* Und da erinnere ich mich: Am allermeisten liebt Jan die Glocke!

Ich sause zur Glocke. Und da ist er ja! Jan liegt unter der Glocke und lässt den grossen Klöppel hin und her schwingen. Vor lauter Erleichterung umarme ich meinen Bruder ganz fest – obwohl er Umarmungen nicht mag.

Ich sehe Tara in der Nähe der Schaukeln stehen und rufe ihr. Atemlos eilt
sie herbei und legt ihre Arme um uns.

„Auf dem Heimweg machen wir, was *du* möchtest!", sage ich zu Jan.

Beim Teich halten wir an und lassen Jan mit den Steinen spielen. Er reiht sie sorgfältig dem Weg entlang auf. Ich stelle mich vor ihn hin, damit ihm niemand auf die Finger tritt.

An Frau Potters Blumenstand gehen wir einfach vorbei und halten stattdessen bei der Post an. Jan beschnuppert die Backsteine nach Lust und Laune und mir ist es egal, ob uns jemand beobachtet.

Als Jan auf einmal stillsteht und etwas zu vernehmen scheint, das ich nicht höre, warten wir geduldig und auch ich spitze ganz aufmerksam meine Ohren.

In Nans Restaurant schauen Jan und ich dem Ventilator zu, bis mir schwindlig ist.

Als wir schliesslich zu Hause ankommen, sage ich: „Das war ein schöner Spaziergang, Jan."

Und für einen Moment schaut Jan mich an und lächelt.